세종특별자치시교육청

교육공무직원 및 특수운영직군

필기시험

KB116050

제 4 회	영 역	국어 – 초등돌봄전담사, 특수교육실무사, 간호사, 국제교육코디네이터 학교업무 이해하기 – 교무행정사 일반상식(사회, 한국사) – 공통
	문항수	과목별 25문항씩 총 50문항
	시 간	80분
	비 고	객관식 4지선다형

SEOWONGAK
(주)서원각

제4회 기출동형 모의고사

[직종별] 국어

1 다음 밑줄 친 내용에 대한 예시로 옳지 않은 것은?

> 한글 맞춤법은 표준어를 <u>소리대로 적되</u>, 어법에 맞도록 함을 원칙으로 한다.

① 구름
② 하늘
③ 얽히고설키다
④ 놀다

2 다음 제시된 표준 발음법 규정에 관한 예시로 옳지 않은 것은?

> 제24항 : 어간 받침 'ㄴ(ㄵ), ㅁ(ㄻ)' 뒤에 결합되는 어미의 첫소리 'ㄱ, ㄷ, ㅅ, ㅈ'은 된소리로 발음한다.
> 다만, 피동, 사동의 접미사 '-기-'는 된소리로 발음하지 않는다.

① 껴안다[껴안따]
② 더듬지[더듬찌]
③ 앉다[안따]
④ 안기다[안끼다]

3 다음 중 단어의 형성방식이 같은 것으로만 묶인 것은?

① 꺾꽂이 – 빛나다 – 홀몸
② 빗나가다 – 헛웃음 – 겉늙다
③ 홀몸 – 헛웃음 – 짓이기다
④ 겉늙다 – 끝장 – 홀몸

4 다음 제시된 문장에서 밑줄 친 단어와 의미가 가장 유사한 것은?

> 새로 지은 아파트는 뒷산의 경관을 <u>해치고</u> 있다.

① 모두들 미풍양속을 <u>해치지</u> 않도록 주의하시기 바랍니다.
② 담배는 모든 사람의 건강을 <u>해친다</u>.
③ 그는 잦은 술자리로 몸을 <u>해쳐</u> 병을 얻었다.
④ 안심해. 아무도 널 <u>해치지</u> 않을 거야.

5 한글 맞춤법에 따라 바르게 표기된 것만 나열한 것은?

① 새까맣다 – 싯퍼렇다 – 샛노랗다
② 시뻘겋다 – 시허옇다 – 싯누렇다
③ 새퍼렇다 – 새빨갛다 – 샛노랗다
④ 시하얗다 – 시꺼멓다 – 싯누렇다

6 다음 중 띄어쓰기가 옳지 않은 것은?

① 이미 깨뜨려버린 걸 어쩌겠어.
② 아는 척하며 넘기는 것도 이번이 마지막이야.
③ 종이배는 떠내려 가 버리고 남은 건 아무것도 없었다.
④ 준이는 항상 선생님을 잘 도와 드린다.

7 다음 빈칸에 공통으로 들어 갈 수 있는 말은?

> • 학과별 (   ) 현황은 홈페이지에서 확인할 수 있다.
> • 그는 그 해 겨울 해병대에 (   )을 하기로 결심했다.
> • 농번기가 되면 군인들은 농가로 (   )에 나선다.

① 지원
② 자원
③ 공헌
④ 치중

8 다음 중 외래어 표기가 옳은 것은?

① bookend – 북켄드

② yellow – 옐로우

③ swing – 스윙

④ twist – 트위스트

9 다음 중 발음이 옳은 것은?

① 그를 쫓다가[쫃다가] 지쳐 길바닥에 털썩 주저앉았다.

② 아이는 이불을 덮고[덥꼬] 베개는 안고서 잠이 들었다.

③ 밭갈이를[받가리를] 하느라 너도나도 정신이 없었다.

④ 맑게[막께] 핀 꽃 한 송이를 선물했다.

10 다음 중 통사적 합성어로만 묶인 것은?

① 접칼, 높푸르다, 척척박사

② 산들바람, 돌다리, 손발

③ 덮밥, 여닫다, 첫사랑

④ 첫사랑, 어린이, 재미있다

11 다음 중 단어의 의미가 옳지 않은 것은?

① 가멸다 : 재산이나 자원 따위가 부족하여 궁핍하다.

② 곰살궂다 : 태도나 성질이 부드럽고 친절하다.

③ 함치르르 : 깨끗하고 반지르르 윤이 나는 모양.

④ 드레드레 : 물건이 많이 매달려 있거나 늘어져 있는 모양.

12 〈보기〉에서 로마자 표기법에 따라 바르게 표기된 것만 모두 고른 것은?

〈보기〉	
㉠ 월곶 – Wolgot	㉡ 벚꽃 – Beotkot
㉢ 순창 – Sunchang	㉣ 촉석루 – Chokseoknu
㉤ 안압지 – Anapjji	㉥ 무량수전 – Muryangsujeon

① ㉠㉡㉤

② ㉠㉢㉥

③ ㉡㉢㉣

④ ㉡㉣㉥

13 다음 밑줄 친 단어의 의미가 〈보기〉와 가장 유사한 것은?

〈보기〉

차형사는 안경 경첩에 있던 DNA를 증거로 들었다.

① 창으로 드는 햇살이 따스해 고양이는 기지개를 켰다.

② 예서의 말을 들어보지도 않고 방으로 들어갔다.

③ 선수는 야구공을 번쩍 들어 카메라 앞에 보였다.

④ 준기는 어떤 예를 들어도 이해하지 못했다.

14 다음 중 사이시옷의 표기가 옳지 않은 것은?

① 아랫마을의 소식은 예사일로 넘길 일이 아니었다.

② 셋방에 가서 맷돌을 꺼내오너라.

③ 햇볕이 좋아 그런지 냇가에 사람이 북적였다.

④ 댓가지를 한가득 이고 온 노인은 툇마루에 벌러덩 누워버렸다.

15 밑줄 친 단어의 쓰임이 적절하지 않은 것은?

① 강호는 한 번한 약속은 반드시 지키고 마는 사람이었다.

② 어깨에 우산을 받히고 양손에는 짐을 가득 들었다.

③ 두 사람은 전부터 알음이 있는 사이라 그런지 금방 친해졌다.

④ 정이도 하노라고 한 것인데 결과가 좋지 않아 속상했다.

16 밑줄 친 부분의 시제가 다른 것은?

① 작년에는 장마가 길었다.

② 어제는 치킨이 먹고 싶었다.

③ 지난 성탄절에는 가족과 함께 보냈다.

④ 정이는 나를 봤는지 신나게 달려온다.

17 다음 제시된 글에서 사용된 설명 방법으로 적절한 것은?

> 영국에서는 예절과 배려의 가치를 매우 강조한다. 훌륭한 명문 사립학교일수록, 배려와 존중의 가치를 매우 중요하게 가르치며, 심지어 '베풀 줄 모르는 사람은 타인의 배려를 받을 자격이 없다'라는 속담도 있다.

① 묘사   ② 예시
③ 정의   ④ 인용

18 빈칸에 들어갈 접속사로 가장 적절한 것은?

> 가뜩이나 공기가 탁해지고 물이 오염되어 반딧불이의 서식지가 줄어들고 있는데, 이제는 환한 불빛 때문에 암수가 서로의 위치를 찾기 어려운 지경에 이른 것이다. 인공 불빛이 짝짓기를 방해하는 바람에 여름날 풀숲에서 신비로운 불빛을 내며 날아다니는 반딧불이를 만나기가 점점 힘들어지고 있는 것이다.
> (　　　) 인공 불빛을 받고 자라는 식물은 어떠할까? 식물도 빛 공해의 피해를 입고 있다. 모든 식물은 자연의 이치에 따라야 제대로 자란다. 그런데 밤이 낮처럼 환해지면서 생태계의 질서가 파괴되어 식물이 돌연변이를 일으키고, 결국 그 피해는 고스란히 인간에게 돌아오게 된다.

① 또한
② 그렇다면
③ 그렇지 않다면
④ 그럼에도

19 다음의 상황에 가장 어울리는 한자성어는?

> 김만중의 '사씨남정기'에서 사씨는 교씨의 모함을 받아 집에서 쫓겨난다. 사악한 교씨는 문객인 동청과 작당하여 남편인 유한림마저 모함한다. 그러나 결국은 교씨의 사악함이 만천하에 드러나고 유한림이 유배지에서 돌아오자 교씨는 처형되고 사씨는 누명을 벗고 다시 집으로 돌아오게 된다.

① 낭중지추   ② 만시지탄
③ 사필귀정   ④ 비육지탄

20 다음 글에서 '나'의 주장과 일치하는 것은?

> 로마는 '마지막으로 보아야 하는 도시'라고 합니다. 장대한 로마 유적을 먼저 보고 나면 다른 관광지의 유적들이 상대적으로 왜소하게 느껴지기 때문일 것입니다. 로마의 자부심이 담긴 말입니다. 그러나 나는 당신에게 제일 먼저 로마를 보라고 권하고 싶습니다. 왜냐하면 로마는 문명이란 무엇인가라는 물음에 대해 가장 진지하게 반성할 수 있는 도시이기 때문입니다. 문명관(文明觀)이란 과거 문명에 대한 관점이 아니라 우리의 가치관과 직결되어 있는 것입니다. 그리고 과거 문명을 바라보는 시각은 그대로 새로운 문명에 대한 전망으로 이어지기 때문입니다.

① 로마는 가장 위대한 도시이다.
② 여행지를 선택할 때 가장 먼저 고려할 도시는 로마다.
③ 로마인이 가진 문명에 대한 반성적인 태도를 본받아야 한다.
④ 문명은 반성적으로 받아들일 수 있는 시각이 중요하다.

21 다음 글의 시점에 대한 설명으로 옳지 않은 것은?

> 아저씨가 사랑방에 와 계신 지 벌써 여러 밤을 잔 뒤 입니다. 아마 한 달이나 되었지요. 나는 거의 매일 아저씨 방에 놀러 갔습니다. 어머니는 나더러 그렇게 가서 귀찮게 굴면 못쓴다고 가끔 꾸지람을 하시지만, 정말인즉 나는 조금도 아저씨에게 귀찮게 굴지는 않았습니다. 도리어 아저씨가 나에게 귀찮게 굴었지요.
> "옥희 눈은 아버지를 닮았다. 고 고운 코는 아마 어머니를 닮았지, 고 입하고! 응, 그러냐, 안 그러냐? 어머니도 옥희처럼 곱지, 응? ……."
> 이렇게 여러 가지로 물을 적도 있었습니다. 그래서 나는
> "아저씨, 입때 우리 엄마 못 봤어요?"
> 하고 물었더니, 아저씨는 잠잠합니다. 그래 나는
> "우리 엄마 보러 들어갈까?"
> 하면서 아저씨 소매를 잡아당겼더니, 아저씨는 펄쩍 뛰면서,
> "아니, 아니, 안 돼. 난 지금 분주해서."
> 하면서 나를 잡아끌었습니다. 그러나 정말로는 무슨 그리 분주하지도 않은 모양이었어요. 그러기에 나더러 가란 말도 않고, 그냥 나를 붙들고 앉아서 머리도 쓰다듬어 주고 뺨에 입도 맞추고 하면서,
> "요 저고리 누가 해 주지? …… 밤에 엄마하고 한자리에서 자니?"
> 하는 등 쓸데없는 말을 자꾸만 물었지요!

① '나'는 작품 속에 등장하는 부수적인 인물이다.
② '나'의 눈에 비친 외부 세계만을 다룰 수 있는 제한이 있다.
③ '나'는 주인공을 직접 묘사하고 그 행동에 대해 언급한다.
④ 서술자는 전지적 위치에서 작품에 광범위하게 관여한다.

22 다음 글을 읽고 빈칸에 들어갈 적절한 문장을 고르시오.

우리는 냉장고를 쓰면서 인정을 잃어 간다. 냉장고가 없던 시절에는 식구가 먹고 남을 정도의 음식을 만들거나 얻게 되면 미련 없이 이웃과 나누어 먹었다. 여러 가지 이유가 있겠지만 그 이유 가운데 하나는 남겨 두면 음식이 상한다는 것이었다. 그런데 냉장고를 사용하게 되면서 그 이유가 사라지게 되고, 이에 따라 이웃과 음식을 나누어 먹는 일이 줄어들게 되었다. 냉장고에 넣어 두면 일주일이고 한 달이고 오랫동안 상하지 않게 보관할 수 있기 때문이다. 냉장고는 점점 커지고, 그 안에 넣어 두는 음식은 하나둘씩 늘어난다.
(   ) 냉장고가 커질수록 먹지 않는 음식도 늘어나기 때문이다. 아까운 전기를 써서 냉동실에 오랫동안 보관한 음식들은 쓰레기통으로 들어가기 일쑤다. 이런 현상은 잘사는 나라뿐 아니라 남태평양이나 아프리카의 가난한 나라에서도 일어나고 있다.

① 우리는 점점 더 큰 용량의 냉장고가 필요하게 될 것이다.
② 냉장고를 사용하면서 많은 음식을 버리게 되었다.
③ 신선 식품의 소비가 늘어났다.
④ 우리는 식중독의 위험에서 벗어날 수 있었다.

23 다음 글을 통해 알 수 있는 내용이 아닌 것은?

가장 흔히 볼 수 있는 거미줄의 형태는 중심으로부터 방사형으로 뻗어 나가는 둥근 그물로, 짜임이 어찌나 완벽한지 곤충의 입장에서는 마치 빽빽하게 쳐 놓은 튼튼한 고기잡이 그물과 다름없다. 이 둥근 그물을 짜기 위해 거미는 먼저 두 물체 사이를 팽팽하게 이어주는 '다리실'을 만든다. 그다음 몇 가닥의 실을 뽑아내 별 모양으로 주변 사물들과 중심부를 연결한다. 두 번째 작업으로, 거미는 맨 위에 설치한 다리실에서부터 실을 뽑아내 거미줄의 가장자리 틀을 완성한다. 그런 후 중심과 가장자리 사이를 왔다갔다하며 세로줄을 친다. 세 번째 작업은 임시 가로줄을 치는 것이다. 이 가로줄은 거미가 돌아다닐 때 발판으로 쓰기 위한 것이기 때문에 점성이 없어 달라붙지 않고 튼튼하다. 나중에 거미줄을 완성하고 쓸모가 없어지면 다니면서 먹어 치웠다가 필요할 때 다시 뽑아내 재활용한다. 마지막으로 영구적이고 끈끈한 가로줄을 친다. 중심을 향해 가로줄을 친 후 다시 바깥쪽으로 꼼꼼히 치기도 하면서 끈끈하고 탄력 있는 사냥용 거미줄을 짠다. 거미는 돌아다닐 때 이 가로줄을 밟지 않으려고 각별히 조심한다고 한다. 거미의 발끝에 기름칠이 되어 있어 이 실에 달라붙지 않는다는 설도 있다. 이렇게 거미줄을 완성하면 거미는 가만히 앉아 먹잇감을 기다리기만 하면 된다. 거미줄을 완성하는 데 걸리는 시간은 한 시간 반이 안 되며 사용되는 실의 길이는 최대 30미터다.

① 거미줄은 방사형 형태가 가장 일방적이다.
② 거미는 자신의 다리에서 실을 뽑아낸다.
③ 거미는 돌아다닐 때 발판으로 사용할 수 있는 줄을 만들어 낸다.
④ 거미줄이 완성되면 거미는 가만히 먹잇감을 기다린다.

24~25 다음 글을 읽고 물음에 답하시오.

마당이 있는 집에 산다고 하면 다들 채소를 심어 먹을 수 있어서 좋겠다고 부러워한다. 나도 첫해에는 열무하고 고추를 심었다. 그러나 매일 하루 두 번씩 오는 채소 장수 아저씨가 단골이 되면서 채소 농사가 시들해졌고 작년부터는 아예 안 하게 되었다. 트럭에다 각종 야채와 과일을 싣고 다니는 순박하고 건강한 아저씨는 싱싱한 채소를 아주 싸게 판다.

멀리서 그 아저씨가 트럭에 싣고 온 온갖 채소 이름을 외치는 소리가 들리면 뭐라도 좀 팔아 주어야 할 것 같아서 마음보다 먼저 엉덩이가 들썩들썩한다. 그를 기다렸다가 뭐라도 팔아 주고 싶어 하는 내 마음을 아는지 아저씨도 손이 크다. 너무 많이 줘서, "왜 이렇게 싸요?" 소리가 절로 나올 때도 있다. 그러면 아저씨는 물건을 사면서 싸다고 하는 사람은 처음 봤다고 웃는다. 내가 싸다는 건 딴 물가에 비해 그렇다는 소리지 얼마가 적당한 값인지 알고 하는 소리는 물론 아니다.

트럭 아저씨는 다듬지 않은 채소를 넉넉하게 주기 때문에 그걸 손질하는 것도 일이다. 많이 주는 것 같아도 다듬어 놓고 나면 그게 그걸 거라고, 우리 식구들은 내 수고를 별로 달가워하지 않는 것 같다. 뒤란으로 난 툇마루에 퍼버리고 앉아 흙 묻은 야채를 다듬거나 콩이나 마늘을 까는 건 내가 좋아서하는 일이지 누가 시켜서 하는 건 아니다.

뿌리째 뽑혀 흙까지 싱싱한 야채를 보면 야채가 아니라 푸성귀라고 불러 주고 싶어진다. 손에 흙을 묻혀 가며 푸성귀를 손질하노라면 같은 흙을 묻혔다는 걸로, 그걸 씨 뿌리고 가꾼 사람들과 연대감을 느끼게 될 뿐 아니라 흙에서 낳아 자란 그 옛날의 시골 계집애와 현재의 나와의 지속성까지를 확인하게 된다. 그것은 아주 기분 좋고 으쓱한 느낌이다. 어쩌다 슈퍼에서 깨끗이 손질되어 스티로폼 용기에 담긴 야채를 보면 공장의 자동 운반 장치를 타고 나온 공산품 같지, 푸성귀 같지는 않다.

다들 조금씩은 마당이 딸린 땅집 동네라 화초와 채소를 같이 가꾸는 집이 많다. 경제적인 이점은 미미하지만 청정 야채를 먹는 재미가 쏠쏠하다고 한다. 그것도 약간은 부럽지만 나에게는 대다수 보통 사람들이 먹고사는 대로 먹고사는 게 제일 속편하고 합당한 삶일 듯싶다. 무엇보다도 내 단골 트럭 아저씨에게는 불경기가 없었으면 좋겠다.

24 위 글의 주제로 가장 알맞은 것은?

① 텃밭을 만드는 어려움

② 소박한 일상에서 느끼는 기쁨과 자연과 사람에 대한 애정

③ 채소 농사의 즐거움과 고충

④ 이웃과 더불어 사는 즐거움

25 위 글을 읽고 알 수 있는 내용이 아닌 것은?

① 화자는 마당이 있는 집에 살고 있다.

② 화자의 가족들은 화자가 손수 채소를 다듬어 주는 수고에 감사하고 있다.

③ 화자는 트럭 아저씨에게서 구매한 채소를 푸성귀라고 부른다.

④ 화자는 하루에 두 번 트럭 아저씨를 만날 수 있다.

[직종별] 학교업무 이해하기

1 다음은 세종교육의 지표이다. 빈칸에 들어갈 말을 순서대로 바르게 나열한 것은?

_____ 사람 _____ 시민

① 자발적인, 진취적인

② 생각하는, 함께하는

③ 생각하는, 참여하는

④ 자발적인, 참여하는

2 세종 학교혁신의 특징에 대한 설명이 아닌 것은?

① 주체로 살아가는 학교구성원들이 집단지성과 협력을 발휘하는 민주적·전문적 문화를 가지고 있습니다.

② 학교 문화의 힘으로 고유의 학교교육과정을 생산·운영합니다.

③ 학교는 학교교육과정을 토대로 다양한 교육주체·기관들과 상호작용하며 행복한 아이들을 위한 전문성과 리더십을 발휘합니다.

④ 교육청은 학교혁신을 효과적으로 추진하기 위하여 지역교육공동체를 제외한 혁신학교를 모델학교로 운영합니다.

3 교육감의 임기는 몇 년인가?

① 3년   ② 4년

③ 5년   ④ 6년

4 기획조정국의 분장사무가 아닌 것은?

① 지방교육행정의 기획·조정 및 분석·평가에 관한 사항

② 학부모 지원 및 시민 협력에 관한 사항

③ 고등학교과정 이하의 교육방송 활용

④ 지역교육발전에 관한 사항

5 다음과 같은 사항을 관장하는 세종시교육청 직속기관은?

> • 평생학습과 문화활동 지원에 관한 사항
> • 도서관자료의 수집 · 정리 · 보존 및 이용 제공에 관한 사항
> • 독서안내 · 상담과 열람지도에 관한 사항

① 세종교육원
② 평생교육학습관
③ 교육시설지원사업소
④ 세종국민체육센터

6 「헌법」상의 교육조항 중 직접조항이 아닌 것은?

① 모든 국민은 능력에 따라 균등하게 교육을 받을 권리를 가진다.
② 교육의 자주성 · 전문성 · 정치적 중립성 및 대학의 자율성은 법률이 정하는 바에 의하여 보장된다.
③ 학교교육 및 평생교육을 포함한 교육제도와 그 운영, 교육재정 및 교원의 지위에 관한 기본적인 사항은 법률로 정한다.
④ 공무원은 국민전체에 대한 봉사자이며, 국민에 대하여 책임을 진다.

7 다음은 기본 학적 용어 중 무엇에 대한 설명인가?

> 해당 학년 교육과정 미수료에 의해 상급 학년으로 진급하지 못함.

① 전출
② 유급
③ 휴학
④ 면제

8 학적사항 관리와 관련하여 특기사항에 입력해야 하는 「학교폭력예방 및 대책에 관한 법률」 제17조에 규정된 가해학생에 대한 조치사항이 아닌 것은?

① 피해학생에 대한 구두사과
② 학교에서의 봉사 및 사회봉사
③ 학내외 전문가에 의한 특별 교육이수 또는 심리치료
④ 피해학생 및 신고 · 고발 학생에 대한 접촉, 협박 및 보복 행위의 금지

9 학교생활기록부 처리 요령에 대한 설명으로 옳지 않은 것은?

① 학교생활기록의 자료 입력 및 정정 업무는 당해 업무를 담당하는 사용자가 수행함을 원칙으로 한다.
② 문자는 한글로(부득이한 경우 영문으로), 숫자는 아라비아 숫자로 입력한다.
③ 학교생활기록부 작성에 필요한 보조부는 각 학교의 실정에 알맞게 계획을 수립하여 작성 · 활용하되, 수기 기록하여 관리함을 원칙으로 한다.
④ 학생이 전학할 때, 원적교에서는 재학 당시까지의 상황을 입력한 학교생활기록부 전산 자료를 전 · 편입학하는 학교로 이송한다.

10 학교생활기록부 자료의 정정에 대한 설명으로 옳지 않은 것은?

① 학교생활기록부 입력 자료에 대한 정정은 원칙적으로는 금지하지만, 그럼에도 불구하고 객관적인 증빙자료가 있는 경우에만 정정이 가능하다.
② 정정 시에는 반드시 정정내용에 관한 증빙자료를 첨부하여 정정의 사유, 정정내용 등에 대하여 학교 학업성적관리위원회의 심의 절차를 거친 후 학교생활기록부 정정대장의 결재 절차에 따라 정정 처리해야 한다.
③ 학교생활기록부 정정대장은 교육정보시스템에서 제공하는 결재 절차를 거쳐 학기 중에는 전자문서로 관리하다가 매 학년도 말 처리가 종료되면 출력하여 증빙서류와 함께 영구 보관한다.
④ 학교생활기록부의 입력 내용에 대한 책임은 자료입력 당시의 사용자(학급담임교사, 업무담당교사 등)에게 있으며, 정정은 오류를 발견한 당해업무를 담당하는 사용자(학급담임교사, 업무담당교사 등)가 한다.

11 다음은 2015 개정 교육과정의 교과 교육과정 주요 개정 내용이다. 앞으로의 교육 모습에 들어갈 내용으로 적절한 것은?

현재의 교육모습	앞으로의 교육모습
·_____ ·_____ ·_____ ·_____	·_____ ·_____ ·_____ ·_____

① 과다한 학습량으로 진도 맞추기 수업

② 진도에 급급하지 않고 학생 참여 중심 수업을 통한 학습 흥미도 제고

③ 어려운 시험 문제로 수포자 양산, 높은 학업 성취도에 비해 학습 흥미도 저하

④ 지식 암기식 수업으로 추격형 모방 경제에 적합한 인간

12 다음 중 교육복지사의 업무에 해당하지 않는 것은?

① 교육복지사업대상학생의 학교생활 적응 지원

② 교육복지사업대상학생을 위한 문제의 원인과 해결에 관한 지원

③ 교직원 연수, 방과후 및 돌봄, 알리미 서비스 지원

④ 교육복지사업대상학생 지원을 위한 지역사회 자원의 연계·활용

13 같은 직종 내에서 근무기관 및 부서 등에 지정된 직무를 변경하는 것을 전보라고 한다. 다음 중 정기전보 시기로 옳은 것은?

① 1월 1일   ② 3월 1일

③ 7월 1일   ④ 12월 1일

14 교육공무직원 채용에 있어 채용인원과 방법, 절차 등을 결정하는 단계는?

① 채용요청

② 채용계획수립

③ 채용공고

④ 근로계약 및 배치

15 다음에 해당하는 징계는?

> 교육공무직원으로서의 신분은 보유하나 1개월 이상 3개월 이하의 기간 동안 출근을 정지하고, 직무에 종사하지 못하며 임금은 지급하지 않음

① 해고   ② 정직

③ 감봉   ④ 견책

16 올해 만 60세인 교육공무직원 A씨는 3월 9일생이다. A씨의 퇴직일자는?

① 3월 9일   ② 3월 말일

③ 6월 말일   ④ 8월 말일

17 「근로기준법」에 따른 1일 근로시간은 휴게시간을 제하고 몇 시간을 초과할 수 없는가?

① 6시간   ② 8시간

③ 9시간   ④ 10시간

18 다음 중 법정휴일이 아닌 것은?

① 근로자의 날

② 배우자 출산휴가

③ 재량휴업일

④ 생리휴가

19 연차유급휴가 미사용 수당 청구권의 소멸시효는?

① 청구권 발생일로부터 1년

② 청구권 발생일로부터 2년

③ 청구권 발생일로부터 3년

④ 청구권 발생일로부터 4년

20 특별휴가 일수가 잘못 연결된 것은?

① 배우자, 본인 및 배우자의 부모 사망 : 5일

② 본인 및 배우자의 조부모 · 외조부모 사망 : 3일

③ 자녀와 그 자녀의 배우자 사망 : 2일

④ 본인 및 배우자의 형제 · 자매 사망 : 1일

21 다음은 무엇에 대한 설명인가?

> 근로자에게 정기적, 일률적으로 소정근로 시간 또는 총 근로시간에 대해 지급하기로 정해진 시급 · 일급 · 주급 · 월급 또는 도급금액

① 통상임금　　　　　② 평균임금

③ 최저임금　　　　　④ 생활임금

22 교육정보시스템의 업무포털 이용 절차로 옳은 것은?

① 인사정보 등록 → 사용자 등록 → 인증서 발급 → 업무포털 사용

② 인사정보 등록 → 인증서 발급 → 사용자 등록 → 업무포털 사용

③ 인증서 발급 → 인사정보 등록 → 사용자 등록 → 업무포털 사용

④ 인증서 발급 → 사용자 등록 → 인사정보 발급 → 업무포털 사용

23 다음 중 공문서 작성 시 문장부호의 표기가 잘못된 것은?

① 교육감은 "창의적인 인재육성이 중요하다."라고 말했다.

② 2019. 12. 27.(금) 송년회가 있을 예정이다.

③ '창의수학'은 수학적 개념에 다른 학문의 융 · 복합된 학문이다.

④ 시 · 도 교육감 회의가 회의실에서 개최되었다.

24 다음 중 공문서 작성 시 띄어쓰기를 바르게 한 것은?

① 296억 달러　　　　② 50여명의

③ 원장 : 홍길동　　　④ 교육부장관을

25 다음 빈칸에 적절한 것은?

> _____은 교육행 · 재정 통합시스템으로 지정정보처리장치에 의한 회계의 처리 및 관리에 대한 규정의 일환으로 도입되었다. 성과중심의 사업별예산 및 사업설명서 위주로 재정정보를 보여주며 학교회계의 투명한 편성 및 집행이 그 목적이다.

① K-에듀파인　　　② 나이스

③ 에듀라인　　　　　④ 웹하드

[공통] 일반상식(사회, 한국사)

1 갑의 재산을 상속받을 수 없는 사람은?

> 갑은 갑자기 뇌출혈로 쓰러져 의식 불명 상태에 있다가, 한 마디 유언도 남기지 못한 채 사망하였다. 유족으로는 어머니, 아내, 결혼한 딸, 미혼의 두 아들이 있다. 그가 남긴 재산은 살고 있는 집을 포함하여 약 8억 7천만 원 정도로 추정된다.

① 어머니   ② 아내
③ 결혼한 딸   ④ 미혼의 두 아들

2 루소(J. J. Rousseau)의 사회계약론에 해당하는 것은?

① 국가 이전의 상태는 '만인의 만인에 대한 투쟁' 상황이다.
② 시민적 자유는 국가로부터 간섭받지 않을 때 얻는 것이다.
③ 국가 수립 이후 입법부가 법률제정권과 재판권을 행사한다.
④ 일반의지에 의해 형성된 국가는 개인이나 집단의 특수의 지를 초월하는 보편적 가치를 지닌다.

3 국회의원의 법률안 발의를 활성화하기 위한 방안으로 적절하지 않은 것은?

① 직능대표제 강화
② 국회입법조사처 기능 제고
③ 일사부재의 원칙의 폐지
④ 국회의원 입법 활동 지원

4 다음의 내용을 모두 포괄하는 것은?

> • 원칙, 규범, 규칙, 절차 등으로 구성되어 있다.
> • 비공식적인 정치적·관습적 요소도 포함한다.
> • 참여국들의 자발적인 결합에 기초한 협력적 제도이다.
> • 국제기구보다 범위가 넓으며 국제기구를 이용할 수 있다.

① 국제레짐   ② 유엔헌장
③ 평화조약   ④ 비정부간 국제기구

5 위헌법률심판 제청에 대한 설명으로 옳은 것은?

① 법률이 헌법에 위반되는지의 여부가 재판의 전제가 된 경우에 당해 사건을 담당하는 법원이 헌법재판소에 위헌법률 심판의 제청을 하려면 당사자의 신청이 있어야 한다.
② 당해 사건의 당사자는 법원에 위헌법률심판 제청신청을 하지 않고 직접 헌법재판소에 위헌법률심판을 청구할 수 있다.
③ 당해 사건의 법원이 당사자의 위헌법률심판 제청신청을 기각하면 당사자는 헌법재판소에 헌법소원심판을 청구할 수 있다.
④ 당해 사건의 법원이 당사자의 위헌법률심판 제청신청을 기각하면 당사자는 법원의 기각결정에 대해 항고할 수 있다.

6 관료제에 대한 설명으로 옳지 않은 것은?

① 목적전치현상이 나타날 수 있다.
② 근속연수나 경력에 따른 연공서열을 중시한다.
③ 전문화와 분업화로 효율적 업무 수행을 중시한다.
④ 수평적 관계에서의 자유로운 의사소통을 통한 의사결정이 활발하다.

7 사회 계층 현상을 바라보는 갑과 을의 관점에 대한 설명으로 옳은 것은?

> 갑 : 저소득층에 대한 학비지원 제도나 국가장학금 제도가 있기 때문에 모든 학생들에게 대학 진학의 기회는 균등하게 부여되어 있어. 결국 개인의 능력이나 노력의 차이에 따라 특정 대학 진학이 결정되는 것이지. 자기가 원하는 대학에 진학하지 못했다고 부모를 탓하는 것은 핑계에 불과해.
> 을 : 어떤 가정환경에서 자라고 얼마만큼 사교육을 받았는지가 학생의 성적을 좌우하지. 기득권층 자녀는 부모 덕으로 특정 대학에 진학하는 것이 현실이야. 개인의 능력과는 무관하게 사회 불평등은 재생산되는 것이지.

① 갑은 사회 계층 현상을 사회적 기여 정도에 따른 서열화로 본다.
② 갑은 사회 계층 현상을 심각한 사회 문제로 여긴다.
③ 을은 개인의 귀속적 요인이 사회 계층 구조를 변화시킨다고 본다.
④ 갑에 비해 을은 차등적 보상 체계를 바람직하다고 본다.

8 우리나라는 17대 국회의원 선거에서부터 비례 대표 선출 방식을 1인 1표제에서 1인 2표제로 바꾸었다. 그 취지로 가장 적절한 것은?

① 군소 정당의 난립을 방지한다.
② 정당의 민주적 운영을 제고한다.
③ 직접선거 원칙에 더욱 충실할 수 있다.
④ 유권자가 비례 대표 명부에서 후보자를 직접 선택할 수 있다.

9 사회변동에 대한 다음 주장에 부합하는 설명으로 적절한 것은?

> 생산력과 생산관계가 결합된 생산양식이 경제적 토대를 형성하며, 이에 조응하여 법·정치·종교 등의 상부구조가 구성된다. 즉, 물질적 생산양식이 사회적·정치적·정신적 생활 과정의 일반적 특성을 결정한다. 사회변동은 경제적 토대의 변화와 더불어 생산수단을 통제하는 힘과 그 관계에서 생기는 모순과 갈등의 결과로 일어난다.

① 사회변동의 요인은 그 사회의 외부로부터 주어진다.
② 인간의 의식은 사회적 삶 전반을 규정하는 토대로 작용한다.
③ 정치질서와 같은 상부구조는 경제적 토대의 형식적 표현일 뿐이다.
④ 경제적 요소에 의해 사회의 가치체계가 변화될 가능성을 간과하고 있다.

10 다음 글에 나타난 변화를 통해 예측할 수 있는 상황으로 가장 적절한 것은? (단, X재와 Y재 시장은 수요와 공급의 법칙을 따른다.)

> X재와 Y재는 서로 대체재이다. 최근 X재 생산에 필요한 원자재 가격이 상승하여 X재를 생산하는 기업들의 고민이 깊어지고 있다.

① X재의 가격이 하락할 것이다.
② X재의 거래량이 증가할 것이다.
③ Y재의 가격이 하락할 것이다.
④ Y재의 판매 수입이 증가할 것이다.

11 다음 글에 나타난 재화에 대한 설명으로 옳은 것은?

> 이 재화는 한 사람이 소비해도 다른 사람들이 충분히 소비할 수 있는 특징을 지닌다. 또한 가격을 지불하지 않은 사람도 아무런 제한 없이 이 재화를 소비할 수 있다.

① 이 재화는 대부분 소규모 기업에 의해 생산된다.
② 이 재화는 공유지의 비극을 초래하는 대표적인 사례이다.
③ 이 재화의 생산을 민간 기업에 맡겨 두면 사회적으로 최적인 수준보다 적게 생산된다.
④ 한 사람이 이 재화를 소비하여 얻을 수 있는 효용은 사회 구성원 전체의 효용과 크기가 같다.

12 다음에 나타난 경제 행위가 A국의 2013년 국내 총생산에 직접적으로 미치는 영향으로 옳은 것은?

> A국에 거주하는 국민 갑은 2013년 12월 말에 직거래를 통해 자녀가 입을 의류를 B국으로부터 수입하였다.

① 소비가 감소했다.
② 투자가 감소했다.
③ 순수출이 증가했다.
④ 국내 총생산은 변하지 않았다.

13 다음의 사실이 처음 발생했을 때의 사회모습은?

> • 태양과 물을 숭배
> • 곰과 호랑이 숭배
> • 무당과 주술을 믿는 샤머니즘
> • 조상숭배·영혼숭배

① 주먹도끼, 찍개, 찌르개, 밀개와 같은 도구를 사용하였다.
② 빗살무늬토기를 제작하였다.
③ 반달돌칼로 이삭을 잘랐다.
④ 세형동검, 거푸집 등이 대표적 유물이다.

14 고구려 광개토대왕에 대한 설명으로 옳은 것은?

① 수도를 졸본에서 국내성으로 옮기고 체제를 정비하였다.

② 한 군현의 잔여 세력을 몰아내고 요동지방을 확보하였다.

③ 백제를 공격하여 한강 이북 지역을 장악하였다.

④ 율령 반포, 불교 수용, 태학을 설립하였다.

15 삼국의 발전과정에서 나타난 사실이다. 공통적인 성격은 무엇인가?

> • 2세기 태조왕 – 계루부 고씨의 왕위 세습
> • 3세기 고이왕 – 6좌평 행정 분담
> • 4세기 내물왕 – 김씨 왕위 세습, 마립간 칭호 사용

① 고조선의 통치질서를 계승하였다.

② 국왕을 중심으로 한 중앙집권체제가 강화되었다.

③ 연맹왕국의 확립을 위한 제도를 정비하였다.

④ 유교정치이념을 구현하였다.

16 발해를 우리 민족사의 일부로 포함시키고자 할 때 그 증거로 제시할 수 있는 내용들로만 묶은 것은?

> ㉠ 발해를 건국한 대조영은 고구려의 유민이었다.
> ㉡ 발해의 문화 기반은 고구려 문화를 계승하였다.
> ㉢ 발해는 당과는 다른 독자적인 정치 운영을 하였다.
> ㉣ 발해는 신라와 함께 당의 빈공과에 많은 합격자를 내었다.
> ㉤ 발해의 왕이 일본에 보낸 국서에 '고(구)려국왕'을 자처하였다.

① ㉠㉡㉢   ② ㉠㉡㉣

③ ㉠㉡㉤   ④ ㉡㉢㉤

17 다음의 사건이 발생한 시기의 집권 세력에 대한 설명으로 옳지 않은 것은?

> 서토(西土)에 있는 자 어찌 억울하고 원통하지 않을 자 있겠는가. 막상 급한 일을 당해서는 …… 과거에는 반드시 서로(西路)의 힘에 의지하고 서토의 문을 빌었으니 400년 동안 서로의 사람이 조정을 버린 일이 있는가. 지금 나이 어린 임금이 위에 있어서 권세 있는 간신배가 날로 치성하니 …… 흉년에 굶어 부황 든 무리가 길에 널려 늙은이와 어린이가 구렁에 빠져 산 사람이 거의 죽음에 다다르게 되었다.

① 왕실의 외척이 세도를 명분으로 정권을 잡았다.

② 호조와 선혜청의 요직을 차지하여 재정 기반을 확보하였다.

③ 의정부와 병조를 권력의 핵심 기구로 삼고 인사권을 장악하였다.

④ 과거 시험의 합격자를 남발하고 뇌물이나 연줄로 인사를 농단하였다.

18 다음 중 남북국시대의 행정조직에 대한 설명으로 옳지 않은 것은?

① 신라는 국가기밀을 관장하는 부서로 집사부를 두었다.

② 신라는 지방세력 억제의 목적으로 기인제도가 있었다.

③ 발해는 중앙군사제도로 10위를 두었다.

④ 발해는 15부 62주로 나누어 행정을 지배하였다.

19 다음 글은 다산 정약용이 당시 농민들의 실태를 지적한 것이다. 이 시기의 각 지역 호적대장에서 급증하는 호구는?

> 지금 호남의 백성들을 볼 때 대략 100호가 있다고 한다면, 그중 다른 사람에게 토지를 빌려주고 지대를 받는 자는 불과 5호에 지나지 않고, 자기 토지로 농사짓는 자는 25호이며, 타인의 토지를 빌려 지으면서 지대를 바치는 자가 70호나 된다.

① 양반호   ② 상민호

③ 노비호   ④ 양반호, 상민호

20 다음 주장에서 강조하고 있는 내용으로 가장 적절한 것은?

> 그러면 지금의 조선 민족에게는 왜 정치적 생활이 없는가? 일본이 조선을 병합한 이래로 조선에게는 모든 정치활동을 금지한 것이 첫째 원인이다. …… 지금까지 해 온 정치적 운동은 모두 일본을 적대시하는 운동뿐이었다. 이런 종류의 정치 운동은 해외에서나 할 수 있는 일이고, 조선 내에서는 허용되는 범위 내에서 일대 정치적 결사를 조직해야 한다는 것이 우리의 주장이다.

① 무장 투쟁을 통해 독립을 이루어야 한다.
② 농민, 노동자를 단결시켜 일제를 타도해야 한다.
③ 일제의 식민 지배를 인정하고 그 밑에서 정치적 실력 양성을 해야 한다.
④ 국제적인 외교를 통해서 일제의 만행을 알리고 우리나라의 독립을 알려야 한다.

21 고려시대 군사제도에 관한 설명으로 옳은 것은?

① 중앙군은 국방적인 성격이 강하였다.
② 양계에 배치된 주진군은 국방의 주역을 담당한 상비군이었다.
③ 상장군, 대장군 등은 합좌기관인 도방에서 군사문제를 의논하였다.
④ 군인들에게는 토지가 지급되지 않았다.

22 조선 초기의 신분제를 양인과 천인으로 나누어 보려는 견해에 부합되는 근거는?

① 양반은 각종 국역이 면제되었으며, 법률과 제도로써 신분적 특권이 세습되었다.
② 양인 내부에서는 법제적으로 신분이동이 가능하였다.
③ 직업의 선택이 불가능하였으며 직업과 신분은 고정되었다.
④ 지배층의 자기도태과정의 결과, 기술직과 서얼은 중인층으로 고정되었다.

23 다음 내용과 관련이 있는 단체는?

> • 신채호는 '조선혁명선언'을 작성하였다.
> • 김상옥은 종로경찰서에 폭탄을 투척하였다.
> • 나석주는 동양척식주식회사를 폭파시키려 하였다.

① 신민회 　　　　　② 대한민국 임시정부
③ 대한광복회 　　　④ 의열단

24 다음은 근대 국가 성립기의 사회운동이다. 이 중 신분제 철폐를 주장했던 사건으로 바르게 묶인 것은?

> ㉠ 갑신정변 　　　　㉡ 동학농민운동
> ㉢ 위정척사운동 　　㉣ 독립협회운동

① ㉠㉡ 　　　　　② ㉠㉣
③ ㉡㉢ 　　　　　④ ㉢㉣

25 다음의 사건을 일어난 순서대로 바르게 묶은 것은?

> ㉠ 한국전쟁 발발
> ㉡ 모스크바 3국외상회의 개최
> ㉢ 대한민국정부 수립
> ㉣ 한·미상호방위조약 체결

① ㉡ - ㉠ - ㉣ - ㉢
② ㉡ - ㉢ - ㉠ - ㉣
③ ㉢ - ㉠ - ㉣ - ㉡
④ ㉣ - ㉡ - ㉢ - ㉠